JASMIN SEIDEL

LOST PLACES AM BODENSEE

JASMIN SEIDEL

LOST PLACES  AM BODENSEE

FASZINATION DES VERLASSENEN

Besuchen Sie uns im Internet:
www.gmeiner-verlag.de

© 2022 – Gmeiner-Verlag GmbH
Im Ehnried 5, 88605 Meßkirch
Telefon 0 75 75 / 20 95-0
info@gmeiner-verlag.de
Alle Rechte vorbehalten
1. Auflage 2022

Redaktion: Anja Sandmann
Lektorat: Isabell Michelberger
Layout: Susanne Lutz
Herstellung: Laura Müller
Umschlaggestaltung: Laura Müller unter Verwendung
von Fotos © Jasmin Seidel
Druck: Westermann Druck Zwickau GmbH
Printed in Germany
ISBN 978-3-8392-0278-4

Jasmin Seidel, 1981 in Waldkirch geboren, verbrachte ihre Kindheit im Elztal, doch es gab immer wieder Ausflüge in die beliebte Ferienregion Bodensee. Die gelernte Arzthelferin erkannte ihre Leidenschaft für die Fotografie durch einen Zufall: Die neue Kamera für den Urlaub entfachte diese große Liebe, die mit der Landschaftsfotografie ihren Anfang nahm und Seidel recht schnell zur Lost-Places-Fotografie führte. Nun kehrte sie zurück, um abseits der touristischen Pfade die Bodenseeregion neu zu entdecken. 2022 gewann Jasmin Seidel mit ihrem Buch »Lost Places im Schwarzwald« den Buchpreis »Wälderliebling« bei der Buchmesse Hinterzarten 2022.

INHALT

Vorwort	7
Das verlassene Waldbad	10
Der Hof	26
Der Bahnhof	40
Der Hof der goldenen Sessel	46
Die Papierfabrik mit Villa	58
Der alte Käfer	74
Das Gasthaus	80
Die Ziegelei	92
Der Schießstand	104
Abnahmeplatz – V2-Werk Radernach	110
Das Pastorenhaus	118
Das Schloss	132
Das kleine Krankenhaus	148
Das Kraftwerk	160
Das verlassene Hofgut	172

VORWORT

Ein Lost-Place-Besuch bedeutet mehr als ein imposantes Foto für die sozialen Netzwerke, es ist Geschichte, die hautnah erlebt wird. Das verkennen viele, seit die Lost-Place-Fotografie Trend ist. Die Abenteuerlustigen machen sich auf zu den verlassenen Orten, hauptsächlich um zu zeigen, wie »cool« sie sind. Das, was die Orte erzählen, interessiert sie nicht. Diese Leute werden, um ihr Foto zu gestalten, mal schnell zu Inneneinrichtern und dekorieren das verlassene Haus um, was noch das Harmloseste ist. »Coole« Jungs sprühen sogar mit Feuerlöschern herum, beschmieren Wände oder, was das Schlimmste ist, sie zünden den Ort an. Es braucht noch nicht einmal Anstrengung und Kreativität, um einen Lost Place zu entdecken, denn im Netz werden Landkarten frei zur Verfügung gestellt, auf denen verlassene Orte in ganz Deutschland und in den benachbarten Ländern zu finden sind.

Das Faszinierende an diesem Hobby ist jedoch der Entdeckertrieb und die eigene Recherche. Man wird zum Detektiv, liest unzählige Zeitungsberichte, durchforscht das Netz, schaut sich Fotos an, die man bei anderen Fotografen sieht, und versucht, irgendwelche Informationen auf den Bildern zu finden, die den ausschlaggebenden Hinweis zur Lage des Ortes bringen. Man schaut sich stundenlang Satelliten-Aufnahmen bei Google-Maps oder Google-Earth an. Finde ich ein eingestürztes Dach? Ein Haus, das zugewuchert ist? Eine solche Suche ist zeitaufwendig, dauert oft Tage oder auch mal Wochen, doch irgendwann hat man ihn gefunden – den magischen Ort.

Die Aufregung steigt, wenn es früh morgens mit dem Auto losgeht. Was erwartet mich? Gibt es einen Zugang? Fahre ich umsonst hin? Abseits des Ortes stellt man sein Auto ab und geht die letzten Meter zu Fuß, um ja keine Aufmerksamkeit zu erregen. Oft komme ich frühmorgens in der Dämmerung bei den Orten an. Die Nachbarschaft schläft noch, und so kann ich in Ruhe einen Zugang suchen – eine offene Tür oder ein offenes Fenster. Gibt es keinen Zugang, so war die Fahrt umsonst. Aber findet man ihn, so betritt man den Ort vorsichtig und versucht, einen kleinen Überblick zu bekommen.

Ist das Stativ und die Kamera aufgebaut, dann tauche ich ab in eine andere Welt, eine vergangene Welt, in eine Zeitkapsel, die sich öffnet, wenn ich einen verlassenen Ort betrete und entdecke. Mir geht es nicht um Likes, coole Bilder und um die Aufmerksamkeit. Ich möchte die Geschichte der Orte erfahren: Wer hat dort gelebt, was wurde in der Fabrik hergestellt, warum wurde sie verlassen? Und genau diese Geschichten möchte ich mit meinen Bildern erzählen. Ich möchte die Betrachter mitnehmen auf eine Reise in die Vergangenheit und zeigen, dass diese Ruinen mehr sind als abbruchreife Gebäude. Wahrscheinlich werde ich noch durch die verlassenen Orte und deren dunkle Gänge streifen, wenn viele sich nach kurzer Zeit schon wieder von dem Hobby abgewendet haben. Wenn ich diese Orte besuche, treffe ich natürlich oft Menschen, die sie ebenfalls erkunden, und man merkt schnell, bei wem die Leidenschaft genauso brennt oder wer nur für das schnelle Instagram-Bild gekommen ist.

Ein Lost Place ist kein Vergnügungspark oder Abenteuerspielplatz – es ist ein Ort, an dem Menschen gelebt, gefeiert und auch getrauert haben. Und dieser hat es verdient, respektvoll behandelt zu werden. Das kann nicht oft genug wiederholt werden. Nicht selten mache ich mir noch Tage später Gedanken über die besuchten Orte. Man sollte immer auch im Hinterkopf behalten, dass ein Lost-Place-Besuch, wenn er ohne Erlaubnis des Besitzers erfolgt, ein Hausfriedensbruch ist. Viele der Orte, die ich besuche, betrete ich legal. Ich versuche immer, die Besitzer ausfindig zu machen, sei es über eine Anfrage über die Gemeinde oder durch Infos vielleicht von Nachbarn. Auch Zeitungsberichte können hilfreich sein. Oft reagieren die Besitzer oder Verwalter überrascht und verstehen nicht (gerade die ältere Generation), was an dem Staub und Dreck toll sein soll, aber sie sind auch neugierig. Fast immer erhalte ich die Erlaubnis. Wenn ich ihnen danach die Bilder zeige und auch übergebe, dann sieht man doch einen Glanz in den Augen der Menschen, die sich über die Erinnerung freuen.

Urbexer-Codex
Ich respektiere das Eigentum anderer
Es wird nichts zerstört oder gewaltsam geöffnet. Verschlossene Türen bleiben verschlossen, verschlossene Fenster bleiben geschlossen. Gibt es keine Möglichkeit, das Gebäude durch ein offenes Fenster oder eine offene Türe zu betreten, so sollte man das respektieren und sich eben von außen ein Bild machen.

Ich nehme nichts mit und lasse nichts da
Alles bleibt an seinem Platz. Auch ein »kleines Andenken« ist zu viel. Das wäre Diebstahl. Mitgenommen werden darf überhaupt nichts, außer Eindrücke und die Bilder, die auf der Kamera landen. Das Gleiche gilt aber auch in die andere Richtung: Ich hinterlasse nichts. Nichts außer Fußabdrücke.

Sprayen ist ein No-Go
Oft sieht man Graffiti an den Wänden der verlassenen Orte. Lost Places mit Graffiti zu besprühen, verstößt nicht nur gegen den Urbexer-Codex, sondern ist schlichtweg illegal. Selbst das kunstvollste Graffiti ist Sachbeschädigung an fremdem Eigentum.

Geraucht wird nicht
In einer fremden Location sollte nicht geraucht werden – es sei denn, man hat einen kleinen Aschenbecher für die Hosentasche dabei. Auf keinen Fall dürfen Kippen einfach ausgetreten und liegen gelassen werden. Zudem besteht vor allem im Sommer erhöhte Brandgefahr.

Ich verhalte mich zu jeder Zeit vorsichtig
Vorsicht ist besser als Nachsicht. In verlassenen Gebäuden kann viel passieren: Marodes Holz, verrostete Metallgeländer, Decken können einstürzen, Böden können nachgeben und Treppen eine wahre Falle sein. Das beste Bild ist es nicht wert, die eigene Gesundheit oder gar

das Leben aufs Spiel zu setzen. Genau aus diesem Grund heißt es immer »Augen offenhalten«. Elektrische Anlagen bleiben unberührt, Flaschen und Behälter geschlossen. Dunkle Räume ohne Licht zu betreten, ist ein absolutes No-Go – deshalb immer eine Taschenlampe dabeihaben!

Ich ziehe niemals alleine los
Alleine loszuziehen, ist nie eine gute Idee. Man sollte immer zu zweit oder besser noch zu dritt unterwegs sein. Geschieht doch einmal ein Unglück, kann eine Person Hilfe organisieren, während eine zweite Person sich um das Unfallopfer kümmert. Doch nicht nur aus diesem Grund ist es wichtig, sich nicht alleine auf den Weg zu machen. Man weiß nie, auf wen man in den Locations trifft. Auch zwielichtige Gestalten sind oft in Lost Places anzutreffen. Dann sollte man doch lieber zu zweit oder zu dritt sein, damit man nicht als »leichte Beute« angesehen wird.

Ich parke so, dass niemand auf meinen Besuch aufmerksam wird
Die meisten verlassenen Orte erreicht man nur mit dem Auto. Man sollte immer versuchen, so zu parken, dass das Auto nicht auffällt oder Aufmerksamkeit erregt. Ein mitten auf leerem Gelände geparkter Wagen zieht sicher mehr Aufmerksamkeit auf sich, als es dem Urbexer lieb sein kann.

Ich mache meine Locations nicht öffentlich zugänglich
Locations zu finden, ist teilweise gar nicht mehr so schwer. Aber richtig tolle Locations zu entdecken, ist umso schwerer. Und genau so soll es auch bleiben. Deswegen sagt der Urbexer-Codex: Behaltet die Locations für euch und macht sie nicht der breiten Masse zugänglich. Zwar lebt die Community vom Austausch, und auch andere Urbexer möchten die tollen vergessenen Orte besuchen, doch das kann man im Einzelgespräch machen, sofern die Motive des Fragenden einem nicht verdächtig erscheinen. Wer Bilder von einer schönen Location postet, wird recht schnell viele neue Freunde haben, bei denen man nicht weiß, ob sie selber nur fotografieren möchten oder doch Sprayer sind, die sich als Erstes verewigen wollen.

DAS VERLASSENE WALDBAD

Bereits in einer Urkunde aus dem 15. Jahrhundert wird das Waldbad erwähnt. Es war einst ein Heilbad zur Behandlung von Krankheiten wie beispielsweise arthritische Beschwerden oder Hautkrankheiten. 1819 wurde das Waldbad verkauft und 1844 um einen Anbau erweitert. Als der Besitzer starb, übernahm der Sohn die Geschäfte und gründete 1876 zusätzlich eine Fischzuchtanstalt. Nach dessen Tod wurde nur die Wirtschaft des Bades weiter betrieben. Nach Besitzerwechseln und einem Brand im Januar 1926 wurde das Waldbad im Juni 1926 mit einem Sommerfest wieder eröffnet. Erwachsene zahlten einen Eintritt von 10 Pfennigen, Kinder bis 16 Jahren hatten freien Eintritt. 1929 kam eine Gartenhalle für bis zu 900 Personen hinzu. Im Zweiten Weltkrieg diente das Bad als Reserve-Lazarett. Ende der 50er Jahre bekam die Terrasse ein Glasdach hinzu. Doch leider ging es dann Anfang der 70er Jahre für das Waldbad bergab, denn der damalige Besitzer wollte nicht mehr investieren. Er hätte das Bad beispielsweise an die Kanalisation anschließen müssen. Da dies nicht geschah, versank es Ende der 70er Jahre im Dornröschenschlaf. Eine letzte traurige Schlagzeile tauchte noch einmal 1992 auf: Die Tanzhalle war abgebrannt.

Nachdem ich mein Auto geparkt habe, wollen wir uns an diesem trüben Morgen zuerst die Außenanlage anschauen. Wegen der wuchernden Gräser und Pflanzen erkennt man von Weitem erst nicht wirklich, wo denn das große Schwimmbecken liegt. Das Becken ist leer und vollkommen zugewachsen, sogar von kleinen Bäumen. Eine moosige Treppe führt hinunter. In der Nähe des Beckens befinden sich die hölzernen Umkleidekabinen sowie ein Pavillon. Nicht weit davon entfernt ist eine Sitzgelegenheit aus Stein. Das Außengelände liegt tatsächlich im Dornröschenschlaf, es strahlt eine unglaubliche Ruhe aus. Gleichzeitig hat man das Lachen der Kinder und Familien im Ohr, die sich vor etlichen Jahren in und an diesem Schwimmbecken vergnügten.

Im Gebäude des Waldbades hängen die Vorhänge noch an den Fenstern und die Kleiderbügel an der Garderobe, an welcher die Gäste ihre Jacken und Mäntel aufhängen konnten. Auf der Theke entdecke ich viele alte Fotos und Postkarten, die einen Einblick in das Leben der ehemaligen Waldbad-Besitzer geben. Sogar eine kleine Werkstatt fügt sich an, in der wahrscheinlich die kleineren Reparaturen durchgeführt wurden. Die Gästezimmer sind ausgeräumt, aber die bunten Vorhänge aus den 70er Jahren hängen noch, ebenso die bunten Lampen.

Der Wintergarten wurde zum Gewächshaus umfunktioniert

Außenansicht des Waldbades

Vergessener Hut eines letzten Gastes

Gastraum

Großer Kamin im Schankraum

Hausmeisterwerkstatt

Chaos auf der Werkbank

Geöffnete Schublade mit Kleinteilen

Tür zur Werkstatt

Großer Festsaal

Vergessenes Spielzeug auf einer Ablage

Zerbrochenes Bild an der Wand

Auch die letzte Deko wurde zurückgelassen

Langsam blättert die Tapete von der Wand

Korbflasche auf dem Fensterbrett

Alte Haushaltsgegenstände im Dachgeschoss

Blick in eine der Umkleidekabinen

Die Umkleidekabinen

Mit Moos überwucherte Sitzecke

Das große Schwimmbecken

Gewächshaus

Im Inneren des Gewächshauses

DER HOF

Durch einen kleinen Seiteneingang gelangen wir an einem regnerischen Morgen in diesen verlassenen Bauernhof. Durch den Stall geht es zuerst ins Hauptgebäude, in die große Küche mit Essbereich. Dort fällt mir sofort ein zwar verschmutzter, aber wunderschöner alter Ofen ins Auge. Auch wenn er schon lange nicht mehr in Betrieb ist, er strahlt nach wie vor ein Gefühl von Wärme aus. Viele Küchengeräte und Verpackungen sehen wir. Auf der Küchenablage liegt eine alte Brille mit zerbrochenem Glas.

Das untere Stockwerk ist eher »altmodisch« eingerichtet, typisch für einen Hof. Allerdings ändert sich das Bild, als wir in das obere Stockwerk kommen. Die Einrichtung entspricht dem Stil der 70er Jahre mit bunten Tapeten, einem alten Plattenspieler und einer bekannten Jugendzeitschrift – die BRAVO aus dem Jahr 1985. Die Zeitschrift erinnert mich sofort an meine Jugend, als ich zusammen mit meinen Freundinnen auf dem Pausenhof saß und wir die neuesten Infos zu unseren Lieblingsbands lasen.

Es muss in der Familie einen Jungen und vielleicht auch ein Mädchen gegeben haben, denn es finden sich Dinosaurier-Figuren, aber auch eine Frisierkommode, die aussieht, als hätte sie einem Mädchen im Teenager-Alter gehört. Es lässt sich nur spekulieren, warum der Hof verlassen wurde. Es sieht nicht danach aus, dass jemand noch etwas zusammengepackt hat. Im Gegenteil, im Büro sieht man fein säuberlich eingeräumte Ordner in den Regalen. Unterschiedliche Papiere und Formulare liegen auf dem Schreibtisch. Es gleicht eher dem Büro einer Firma als einem privaten Arbeitszimmer.

Küche des alten Hofes

Küchenspüle, in der noch ein Kochtopf steht

Millpur-Wattepads für das Milchsieb

Das Handtuch liegt noch für den Abwasch bereit

Viele Utensilien gibt es zu entdecken

Herd in der Küche

Die Waschküche mit einer abgelegten Melkmaschine

Verstaubtes Radio mit Kassettenspieler

In der Toilette löst sich die Tapete von der Wand

Farbenmix im Badezimmer

Chaos im Arbeitszimmer

Schlafzimmer mit zahlreichen Trauerkarten, die verstreut wurden

Dinosaurier-Spielzeug

Lockenwickler aus den 70ern

Kosmetikkommode

Nähmaschine

Auf dem Dachboden

DER BAHNHOF

1873 wurde der relativ große Bahnhof für den kleinen Ort erbaut. Die alten Gleise zeugen von goldenen Zeiten auf der Schiene. Vor dem Gebäude wurden Kies und Holz verladen, und auch Züge mit Gastanks rollten vorbei. Nach etwa 100 Jahren galten die Verbindungen als unrentabel, wurden eingestellt und nur noch sporadisch für den Güterverkehr genutzt.

Auf dem Weg zu einem weiteren Lost Place legen wir dort einen Zwischenstopp ein. Das Bahnhofsgebäude ist im Grunde nur noch ein Skelett. Auf alten Fotos, die ich online fand, wirkt das Gebäude jedoch sehr imposant für den kleinen Ort. Es gab wohl einen Brand, der das Dach beschädigte, wodurch die Dinge ihren Lauf nahmen. Das Dach stürzte ein. Eine Zukunft wird es für das Gebäude wohl aufgrund der Bausubstanz nicht geben.

Außenansicht des alten Bahnhofs

Die ehemalige Bahnhofshalle

Blick durch die Fenster ins Bahnhofsinnere

Rückseite des Bahnhofs

DER HOF DER GOLDENEN SESSEL

Ein vereister Feldweg führt uns zu dem Hof, der über einem kleinen Ort liegt. Durch einen Tipp weiß ich, dass der Weg über die Scheune ins Wohngebäude führt. Allerdings gestaltet er sich doch mühsamer als gedacht. Über einen großen Anhänger geht es auf einer Leiter nach oben, die wiederum auf den Dach- bzw. Heuboden führt. Von dort aus gelangen wir in das Wohngebäude. Die ersten Zimmer sehen ein bisschen danach aus, als hätte jemand angefangen zu renovieren und dies aber nicht weiterverfolgt. Im Schlafzimmer steht auf dem Nachttisch ein vergilbtes Fotos eines Paares, ein alter Hut liegt auf der Ablage und eine Schublade steht offen. Darin liegen gestrickte Socken. Gleich überkommt mich ein warmes Gefühl – gestrickte Socken erinnern mich an meine Omas, deren Socken ich über alles geliebt habe und immer noch liebe – selbst im Erwachsenenalter. Über eine Treppe geht es nach unten in den Flur und weiter in die Küche. Die Stimmung in diesem Gebäude ändert sich schlagartig für mich. Es ist ein bedrückendes Gefühl, das ich wahrnehme, obwohl draußen die Sonne scheint. Ich bekomme eine Gänsehaut und denke zuerst, ich bilde mir das nur ein, denn es ist mir bislang nichts Gruseliges oder Unheimliches aufgefallen. Es ist einfach ein alter Hof. Nicht mehr und nicht weniger. Aber das bedrückende Gefühl wird nicht weniger, sondern eher stärker, als ich im Wohnzimmer mit den »goldenen« Sesseln, die in Wirklichkeit gelb sind, stehe. Auf dem Tisch liegt ein Familienfoto und eine dicke Staubschicht auf den Möbeln. Immer wieder drängt es mich, das Haus so schnell wie möglich zu verlassen. Ich mache meine Fotos im Wohnzimmer und erzähle meinem Lost-Place-Partner von meinem komischen Bauchgefühl. Eigentlich rechne ich damit, dass er mich angrinst und sagte: »Du bildest dir das ein.« Aber es kommt ein ganz anderer Satz. »Mir geht es genauso, ich weiß nicht, was es ist, aber lass uns die Fotos machen und ganz schnell verschwinden.« Nachdem wir das Haus verlassen haben und zurück zum Auto gehen, schaue ich mich nochmal zum Hof um. Friedlich und idyllisch sieht er von außen aus. Die Gänsehaut jedoch bleibt uns, bis wir die Umgebung verlassen haben.

Das Wohnzimmer mit den namensgebenden »goldenen« Sesseln

Sitzecke mit typischen Decken der damaligen Zeit

Familienfotos liegen noch im Wohnzimmer

Imposanter grüner Kachelofen

Tierfelle hängen über einer Wäscheleine

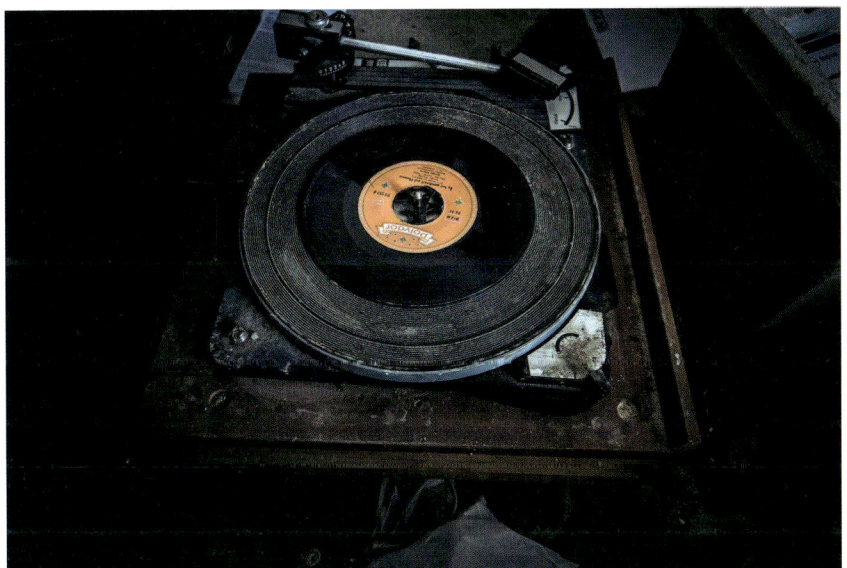

Diapositive

Filmkamera

Plattenspieler

Kassettenspieler mit eingelegter Kassette

Infrarotlampe

Schallplattensammlung

Sattel mit Zaumzeug auf dem Dachboden

DIE PAPIERFABRIK MIT VILLA

Ein bisschen Glück hatte ich bei diesem Lost Place. Ich hatte den Besitzer wegen eines anderen Ortes kontaktiert und mich mit ihm dort verabredet. Als wir uns trafen, erzählte er mir von der Papierfabrik und schlug einen Besuch vor.

1868 wurde die Fabrik durch drei Brüder, die ihr Kapital zusammenlegten, gegründet. Parallel zum dort verlaufenden Fluss wurde ein Kanal angelegt, danach entstand das Gebäude. In ihren besten Zeiten beschäftigte die Fabrik ca. 400 Mitarbeiter, von denen einige in den Häusern direkt neben oder entlang der Zufahrtsstraße wohnten. Das Geschäft lief gut, der Papierverbrauch stieg und so wuchs die Anlage. Einer der Brüder leitete die Fabrik und wohnte mit Frau und Kindern in der angrenzenden Villa. 1896 starb er, woraufhin sein Sohn und seine Frau die Geschäfte übernahmen. Statt in die Neuanschaffung einer weiteren Papiermaschine investierte die Witwe in den Ausbau der Villa. Das bedeutete den Niedergang. Im Ersten Weltkrieg kam darüber hinaus der Export zum Erliegen. Als 1919 der Sohn starb, führte die Witwe alleine das Unternehmen weiter. Die Verluste schossen in die Höhe und führten 1930 zum Bankrott. Ab da übernahm die Bank die Geschäfte und verkaufte die Fabrik 1937 weiter. 1944 diente sie als Ausweichsproduktionsstandort für Zahnräder, die Mitarbeiter wurden umgeschult. Nach Kriegsende fungierte sie wieder als Papierfabrik. 2008 kam es erneut zur Übernahme der Fabrik, allerdings wurde dann 2015 die Produktion eingestellt. Drei Jahre lag das Gelände brach, bis es 2019 verkauft wurde. Nun soll dort ein Wohngebiet, aber auch Gewerbe angesiedelt werden.

Schon während wir die Halle der Fabrik betreten, bin ich beeindruckt von der Größe und der Dimension des Gebäudes. Maschinen sind leider keine mehr vorhanden, aber durch die langen Gruben bekomme ich schnell einen Eindruck davon, wie groß diese gewesen sein müssen. Über Metalltreppen steige ich in die Gruben und komme mir plötzlich ganz winzig vor. Bildlich sehe ich es vor mir, wie die Arbeiter die großen Maschinen bedienten und das Papier herstellten.

Die dazugehörige Villa ist nicht weniger imposant. Im Inneren befinden sich viele Fenster mit Ornamenten und Verzierungen. Wappen sind ebenfalls zu sehen. Gerade das obere Stockwerk ist für mich etwas Besonderes. Ein wunderschöner Kronleuchter hängt in dem riesigen Flur. Eines der Besprechungszimmer wirkt fast schon sakral, denn es gibt einen abzweigenden Flügel, der mit einer wunderschönen Holzbank ausgestattet ist. Mit einem guten Gefühl verlasse ich die Villa, denn sie wird weiter genutzt werden und erhalten bleiben.

Ehemalige Produktionshalle

Produktionshalle

Metalltreppe, die in den oberen Stock führt

In einem Nebenraum hängt ein Rohr von der Decke, vermutlich diente es zum Absaugen der Abgase

Warntafeln

Schalter und Starkstromsteckdosen

Sicherungskasten

Hinweisschild

In der »Grube« der Papierfabrik

Hier standen die großen Maschinen

Im Untergrund

Treppenflur in der Fabrikantenvilla

Buntglasfenster im Empfangsraum des zweiten Stockwerkes

Seitenflügel des Besprechungsraumes

Blick vom Besprechungsraum auf das um die Fabrik angesiedelte Wohngebiet

DER ALTE KÄFER

Im Vorbeifahren sehe ich diesen alten VW-Käfer in einem kleinen Dorf. Er steht auf einem Parkplatz an der Hauptstraße. Durch das Dach wächst ein Baum und Efeu rankt sich an der Karosserie nach oben. Im Inneren befindet sich Erde, die bis zum Lenkrad reicht. Auch hier wachsen die Pflanzen. Es ist immer wieder faszinierend, wie sich die Natur alles zurückholt, wenn man sie lässt. Ich vermute, dass der Käfer im Rahmen eines Projektes des Naturschutzbundes BUND dort abgestellt wurde, da ein Aufkleber mit seinem Logo auf der Karosserie angebracht ist.

Heck des Käfers

Front »Leeres Auge«

Bewachsener Innenraum

Blick durch das Heckfenster

Efeu sucht sich seinen Weg

Durch das Dach wächst ein Baum

DAS GASTHAUS

Durch einen Bekannten bekam ich den Tipp, dass es in einem kleinen Dorf direkt an der Hauptstraße ein verlassenes Gasthaus gibt und dass ein Besuch für mich vielleicht interessant ist. Also machen wir uns ein paar Tage später, an einem frühen Sonntagmorgen, auf den Weg. Durch das offene bzw. eingeschlagene Küchenfenster gelangen wir ins Innere des Gebäudes und befinden uns gleich in einer voll eingerichteten Küche. Die Kochtöpfe stehen noch auf dem Herd, Teller sind bereitgestellt, als hätte der Koch oder die Köchin nur kurz den Raum verlassen. Einzig und allein die Spinnweben und die durch das offene Fenster hereingewehten Blätter lassen erkennen, dass in dieser Küche schon lange nicht mehr gekocht wird. Im Gastraum sind die Stühle teilweise aufgestuhlt, eine dicke Staubschicht liegt auf den Tischen und von der Decke fallen Tapetenstücke. Auch sind noch alte Wein- und Spirituosenflaschen in der Theke eingeräumt. Das Gasthaus muss eine Art Dorftreffpunkt gewesen sein, denn im oberen Stockwerk gibt es einen riesengroßen Saal mit einer kleinen Bar. Ich kann mir bildlich vorstellen, wie in diesem Raum Hochzeiten gefeiert wurden und die Menschen über das Parkett tanzten. Leider gibt es schon Schmierereien an den Wänden, die aber wohl von der örtlichen Dorfjugend stammen. In den angrenzenden Zimmern finden wir noch einiges an persönlichen Dingen der ehemaligen Wirtsleute wie Fotos, Kleidung und alte Briefe. Über die knarzende alte Treppe geht es wieder nach unten und durch das offene Fenster in der Küche zurück auf den Parkplatz, wo mein Auto steht. Im Ohr bleiben die Melodien, zu denen vielleicht im großen Saal getanzt wurde. Leider ist nichts über die Geschichte der Gaststätte bekannt.

Gastraum im Erdgeschoss

Gläser stehen noch im Regal

Verstaubter Tisch mit Jesus-Kreuz

Die Theke im Gastraum

Stauraum unter der Theke

Großer »Festsaal«

Kleine Küche zum angrenzenden Festsaal

Radio auf einer Kommode im Flur

Eines der Gästezimmer mit Waschbecken

Schuhe, Parfüm, persönliche Dinge – alles noch vorhanden

Küche des Gasthauses

Hier wird schon lange nicht mehr gekocht

DIE ZIEGELEI

Eisige Kälte dringt durch unsere Jacken, als wir die letzten Meter zur Fabrikruine zu Fuß zurücklegen. Querfeldein führt unser Weg über eine Wiese, dann weiter über einen kleinen Bach und schließlich einen kleinen Hang hinauf – und schon stehen wir auf dem Gelände der Ziegelei. Sie wurde zwischen 1896 und 1900 als Dampfziegelei gegründet. Vor und nach dem Ersten Weltkrieg erlebte die dortige Ziegelproduktion ihre Blütezeit, sodass sie Arbeit für etwa 150 Beschäftigte bot. Die Produktion wurde 1962 eingestellt. Seit dieser Zeit liegt das Gelände brach. Vorsichtig erkunden wir das untere Stockwerk, in dem wir uns relativ sicher bewegen können. In einer Fabrik, die seit über 60 Jahren brachliegt, lauern natürlich Gefahren.

Versteckte, aber auch offensichtliche Löcher in den Böden, morsche Holzbretter oder herunterfallende Gebäudeteile sind gerade in solchen Ruinen keine Seltenheit. Lange Gänge führen uns vorbei an den Brennkammern und dem Dampfkessel. Durch das Treppenhaus gelangen wir in die oberen Stockwerke. Während auf den Treppen aus Beton keinerlei Gefahr besteht, wagen wir es nicht mehr, die oberen Stockwerke zu betreten. Die Böden dort bestehen aus Holzbrettern, in denen an einigen Stellen riesengroße Löcher klaffen. Durch diese kann man bis ins Erdgeschoss schauen. Hier besteht Lebensgefahr! Deshalb schauen wir uns die Räumlichkeiten von der Treppe aus an, denn wir wollen wieder sicher nach Hause kommen.

Dunkler Gang entlang der Brennkammern

Öffnung zu einer der Brennkammern

Oberes Stockwerk der Ziegelei

Betreten der morschen Dielen bedeutet hier absolute Lebensgefahr

Nebengebäude der Ziegelei

Reste eines Sicherungskastens

Dachboden der Ziegelei

Dampfkessel

Blick an die Decke des Nebengebäudes

Alte Gummistiefel auf der Außenanlage

DER SCHIESSSTAND

Der Schießstand wurde 1941/1942 fertiggestellt. Er umfasst drei Langbahnen, drei Kurzbahnen, Kugelfänge, einen Schießscheibenbunker sowie ein massiv gebautes Haus. Waffen-SS-Einheiten nutzten ihn zum Schießenlernen. Für den Bau des Schießstands setzten sie bis zu 120 Häftlinge aus dem Konzentrationslager Dachau ein. Die KZ-Häftlinge mussten unter schlimmen Umständen leben und arbeiten. Das Wachpersonal schikanierte sie, es gab nur miserable medizinische Versorgung, Hunger, menschenunwürdige Unterkünfte und Tod.

1945 übernahmen die französischen Streitkräfte bis zu ihrem Abzug 1977 den Schießstand. Mithilfe der Bürger entstand danach ein Ort des Erinnerns, auf den eine Erinnerungstafel hinweist. Leider gibt es immer wieder Vandalismus an der Gedenktafel, was einfach nur traurig und fassungslos macht.

Ein bedrückendes Gefühl ist es, als wir an einem sonnigen Sonntagmorgen an diesem ehemaligen Schießstand der SS stehen. Die Vögel zwitschern und die Sonne sorgt für angenehme Wärme auf der Haut. Gleichzeitig habe ich eine Gänsehaut, da unzählige Menschen an diesem Ort durch die Zwangsarbeit leiden und sterben mussten. Während wir durch die Langbahnen und auch Kurzbahnen gehen, fällt mein Blick immer wieder auf die massiven Beton-Kugelfänge, die zahlreiche Einschusslöcher aufweisen. Auch kommen mir immer wieder die KZ-Häftlinge in den Kopf. Sie mussten diesen Schießstand bauen mit dem Wissen, dass auf ihm das Töten geübt werden sollte. Für mich ist dieser Gedanke unerträglich. Es muss alles dafür getan werden, dass so etwas nie mehr passiert.

Eine der Langbahnen

Kugelfang der Langbahn mit zahlreichen Einschusslöchern

Das Ende der Langbahnen

In den Langbahnen gibt es zahlreiche Pflanzen – die Natur holt sich diesen Ort zurück

ABNAHMEPLATZ – V2-WERK RADERNACH

Die Arbeiten zum Abnahmeplatz begannen 1942 mithilfe von Zwangsarbeitern aus dem Konzentrationslager Dachau. Der Abnahmeplatz bzw. die Versuchsanlage wurde für die Vergeltungswaffe 2, kurz »V2«, gebaut. Es entstand eine teils unterirdische Fertigungs- und Versuchsstätte für die Raketen- und Triebwerksteile. 1944 wurde das Außenwerk bombardiert, aber nicht stark beschädigt. Deshalb lief die Produktion bis Ende 1944 weiter. 1948 sprengten französische Truppen die Anlage.

Auf unserem Weg zu den Überresten der Versuchsanlage begegneten uns bei strahlendem Sonnenschein viele Fußgänger und Radfahrer. Ich frage mich, ob diese wohl wissen, was sich im Wald und abseits des Weges befindet: Spuren einer dunklen deutschen Geschichte.

Irgendwann gehen wir quer durch den Wald, und schon nach wenigen Schritten entdecke ich die ersten Spuren im Waldboden: riesige Krater, die von Einschlägen der Bomben herrühren müssen, und auch Betonüberreste, die teilweise schon wieder mit Moos und Pflanzen überwuchert sind. Ein kleiner Pfad führt uns dann zu den wirklich großen Resten des V2-Werkes, direkt am See gelegen. Efeu rankt sich über die Betonreste, die beeindruckend groß sind und erahnen lassen, wie diese Versuchsanlage wohl ausgesehen haben könnte. Heute ist dieses Fleckchen am Bodensee ein wunderschönes Erholungsgebiet. Und irgendwie kann man nicht wirklich begreifen, was hier vor 80 Jahren passiert ist.

Massive Betonreste sind im Wald zu sehen

DAS PASTORENHAUS

Als ich das Hofgut, welches in der Lost-Place-Szene die Bezeichnung »das Pastorenhaus« trägt, von Weitem sehe, ist mein erster Gedanke: Das wäre die perfekte Kulisse für einen gruseligen Film. Abseits eines Ortes gelegen wirkt es irgendwie bedrohlich auf mich. Vielleicht liegt es an dem eiskalten Wind, der um unsere Ohren zieht und den Schnee aufwirbelt. Beim Näherkommen sehen wir, dass das Hofgut aus einem Haupthaus und zwei Nebengebäuden besteht – Stall und Scheune. Wir betreten zuerst das alte Wohnhaus, dessen große Flügeltüre offensteht. Der Flur ist sehr breit und typisch für ein Hofgut. In der Küche steht ein alter Ofen. Mir fällt sofort auf, dass in diesem Gebäude angefangen wurde zu sanieren, zumindest sind neue Fenster eingebaut. Aber aus irgendeinem Grund wurde die Renovierung nicht fortgeführt. In einem der Nebenräume stehen zahlreiche Korbflaschen, daneben liegt ein großes Tau. Die hölzerne Treppe knarrt, als wir nach oben gehen. Im ersten Stockwerk gibt es einige Zimmer, die teilweise noch möbliert sind mit alten Kommoden, wunderschönen alten Stühlen, Betten und Schränken.

Das Pastorenhaus wird so genannt, weil es früher einige religiöse Gegenstände enthielt, die aber leider nach und nach entwendet wurden. Nur ein Wandbild mit einer Madonnen-Statue ist noch zu finden. Unser Weg führt uns zum Dachboden, wo eine alte Maschine steht, vielleicht zur Verarbeitung von Getreide. Dort ist Vorsicht geboten, denn die Bretter sind teilweise morsch. In den großen Stallungen im Nebengebäude wurden wahrscheinlich Kühe und Schweine gehalten. Altes Stroh liegt noch verteilt auf dem Stallboden. Die hölzerne Seitentüre knarrt im Wind. Langsam wird es kalt, weshalb wir beschließen, zum Auto zurückzukehren.

Große Flügeltür, die ins Haupthaus führt

Korbflaschen in einem der Zimmer

Ballonflaschen

Eine alte Decke liegt auf der Fensterbank

Holzschublade eines Tisches

Wunderschöner roter Sessel

Wie lange hier wohl keiner mehr saß?

Marienrelief

Gummistiefel auf dem Fenstersims der Küche

Gespenstische Stimmung

Eines der Schlafzimmer mit einem Korbschaukelstuhl

Fast schon gruseliges Treppenhaus

Ausgehängte Tür in einer Zimmerecke

Im Keller lagerten viele alte Holzfässer

Weinkiste in der Stallung

Stallung

Stroh und Heu lagern vor der Stalltür im Gang

DAS SCHLOSS

Schon von Weitem sehe ich das verlassene Schloss. Es ist ein imposantes Gebäude, das fast schon über dem Ort thront und sofort ins Auge sticht. Durch die Genehmigung des Bürgermeisters dürfen wir das Schloss besuchen. Ein netter Mitarbeiter der Stadt öffnet für uns die Türen. Bevor das Schloss erbaut wurde, gab es an dieser Stelle eine Burg. Sie wurde erstmals 1362 namentlich erwähnt. 1488 kaufte der Deutschorden das Schloss und 1515 wurde der Südflügel erbaut. Im 18. Jahrhundert befand es sich in einem desolaten Zustand, sodass es von 1759–1762 renoviert wurde. 1864 kaufte das Erzbistum Freiburg das Schloss und betrieb dort bis 1871 die Arme-Kinder-Erziehungsanstalt zum Heiligen Joseph. Im Jahre 1876 wurde das Schloss an einen Spitalverein aus 13 Gemeinden verkauft, der ein Armen- und Krankenhaus einrichtete. 1975 leistete die Bevölkerung tausend Arbeitsstunden, um das Schloss aus seinem desolaten Zustand zu retten. Mitte des 20. Jahrhunderts wurde die Seniorenbetreuung weiter ausgebaut mit einer Einrichtung außerhalb des Schlosses. Das Krankenhaus wurde 1989 geschlossen, 2017 musste dann auch das Pflegeheim seinen Betrieb einstellen.

Durch die große hölzerne Schlosstüre betreten wir den Innenhof. Mein Blick geht zum Himmel, um ein Gefühl dafür zu bekommen, wie hoch das Gebäude ist. Unser erster Weg führt uns in den Dachstuhl des Schlosses, wo allerhand alte Möbel, aber auch Fensterrahmen lagern. Alte Ziegelsteine liegen ordentlich aufgestapelt unter einem der Fenster und an der Wand des Schlosses. Der Boden knarzt und knackt, aber wir erkennen sofort, dass keine Gefahr besteht durchzubrechen. Über die imposante Wendeltreppe aus Stein lässt sich jedes Stockwerk erreichen. Wunderschön sind in diesem Schloss die alten Wände und Wandmalereien, die freigelegt sind. Man fährt mit der Hand über die Steine und fragt sich, was diese Gemäuer schon erlebt haben. Welche Geschichten würden sie erzählen, wenn sie könnten? Welcher Adel hat in diesen Räumen schon geschlafen, wer geweint oder gefeiert. Und dann sehe ich ihn schon von der Türe aus: den imposanten Kamin aus Stein mit allerhand Verzierungen und Wappen – und alles sehr gut erhalten. Nachdem ich dieses handwerkliche Meisterwerk fotografiert habe, verlassen wir über die große Wendeltreppe nach mehreren Stunden das Schloss mit einem letzten Schulterblick.

Besprechungsraum unter dem Dach des Schlosses

Dachboden

Ersatzziegel für das Dach sind auf dem Dachboden gelagert

Steinerne Wendeltreppe

Langsam bröckelt der Putz ab

Kamin mit allerhand Verzierungen

Teilweise liegen die Wände frei und sorgen für einen unglaublichen Charme

Viele Räume des Schlosses werden mit Öfen und Kaminen beheizt

Wappen an der Decke   Weiteres Wappen an der Holzdecke

Fenster mit Sitzgelegenheiten   Die Farbe blättert von der Wand

Nebenraum im Schloss

Sitzecke im Nebenraum

Singer-Nähmaschine in einem Gewölbezimmer

Auch über diesem steinernen Türbogen gibt es Malereien

Gebetsraum

Marienstatue

Überall im Schloss sind Wandmalereien zu finden

Altar

DAS KLEINE KRANKENHAUS

Nachdem ich meine Aufnahmen im Schloss abgeschlossen sind, bekommen wir noch das überraschende Angebot, das kleine zugehörige Krankenhaus zu besuchen. Durch Vandalismus und Einbrüche ist es ziemlich in Mitleidenschaft gezogen, und leider hat durch den langen Leerstand auch die Bausubstanz gelitten. Unser erster Weg führt uns die Treppen nach unten in den Keller. Ein langer, unheimlicher Flur liegt vor uns, an dessen Ende ich Licht sehe, das durch eines der Fenster fällt. Wir kommen in einen gekachelten Raum, in dem alte Wannen für medizinische Bäder stehen. Mithilfe eines Aufzugs gelangten die Patienten in den Keller, um dort die heilenden Bäder zu erhalten. In den oberen Stockwerken liegen die Patientenzimmer. Keiner der Räume besitzt ein Badezimmer, sondern es gibt Gemeinschaftsbäder auf den Stockwerken.

Nach der Schließung des Krankenhauses 1989 zog übergangsweise eine Musikschule in die Räume ein, die nun aber seit vielen Jahren leer stehen. Das Gebäude dürfte durch den Leerstand so stark in Mitleidenschaft gezogen sein, dass irgendwann nur der Abriss bleibt, was mich traurig stimmt. Es war vielleicht nicht nur ein Krankenhaus, in dem kranke Menschen behandelt wurden, sondern auch ein Haus des Glückes, in dem Kinder das Licht der Welt erblickten. Egal wie es mit dem Gebäude weitergeht, es wird sicher in vieler Leute Erinnerung bleiben.

Der Flur im kleinen Krankenhaus

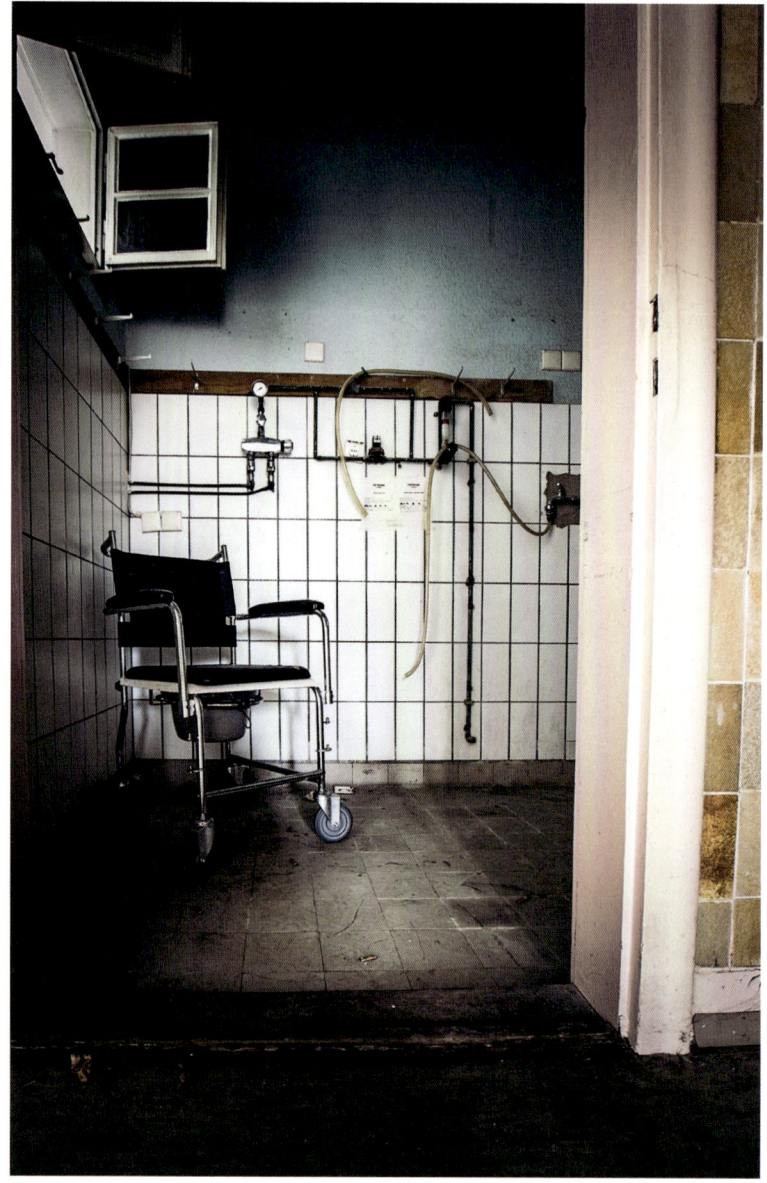

Blick in eines der Badezimmer auf dem Flur

Große Badewanne mit der typischen Fliesenfarbe aus den 70ern

Nebenraum mit einem alten Toilettenstuhl

Toiletten mit Vandalismuszeichen

Treppenhaus

Heizungsraum

Medizinische Badewannen im Keller

DAS KRAFTWERK

Direkt an einer Landstraße liegt die Ruine dieses kleinen Kraftwerkes. Aufgrund der Lage direkt an einem Bach dürfte es ein Wasserkraftwerk gewesen sein. Nachdem die Leitplanke überwunden ist, suchen wir uns einen Weg durch die Büsche und Bäume nach unten. Schon von außen kann man sehen, wie Efeu den Weg durch die Fenster ins Innere gefunden hat. Die alten Steine, aus denen das Gemäuer besteht, sind mit Moos und allerlei Pflanzen überwuchert. Ein wunderschönes Schauspiel, wie sich die Natur langsam, aber sicher von Menschenhand Gebautes wieder zurückerobert. Die Wände im Inneren sind ebenfalls mit Moos bzw. einer grünen Patina überzogen. Durch das kaputte Dach wächst Efeu. Die Autos, die an diesem Ort vorbeifahren, nimmt man überhaupt nicht wahr. Es kommt das Gefühl auf, als wäre man weit weg von einer Zivilisation.

Außenansicht des kleinen Kraftwerks

Innenansicht des Kraftwerkes

Efeu rankt durch die kaputte Decke ins Innere des Gebäudes

In einem Nebenraum

Das Kraftwerk verfällt »natürlich«, aber kleine Graffitis sind auch hier zu sehen

Efeu wächst durch die kaputte Mauer und durch das Gitter ins Gebäude

Luke im Mauerwerk

Rundfenster

Hauptraum des Kraftwerkes

Decke mit Stahlträgern

Die Feuchtigkeit setzt der Decke des Kraftwerkes zu

Oberes kleines Stockwerk

Holzfenster mit Efeu

DAS VERLASSENE HOFGUT

Es ist ein grauer regnerischer Tag, als wir unsere Autos in großer Entfernung zum Hofgut abstellen. Wir entscheiden uns für diese Distanz, da das Gebäude in direkter Nachbarschaft zu einem bewohnten Hof liegt und wir keine große Aufmerksamkeit erregen wollen. Wir kennen den Zugang zum Gebäude, sodass wir schnell und ungesehen im Kellergewölbe verschwinden können. Der Flur im Haus ist gepflastert und links und rechts stehen alte Holztruhen und Gerätschaften an den Wänden. Wenn man sich auf die Holztreppe stellt und die Kulisse von etwas weiter oben betrachtet, kann man sich bildlich vorstellen, wie die Besitzer durch den großen Flur und durch die mächtige Eingangstüre gingen, um zu den Stallungen zu gelangen. Persönliche Gegenstände machen einen Lost Place zu etwas Besonderem, weil man durch sie tiefer in die Geschichte der Menschen abtaucht, die dort gelebt haben. Und diese gibt es hier. Es sind hauptsächlich alte Fotoalben, die auf den Tischen in den verschiedenen Räumen liegen. Durch die Fotos bekommen die Menschen plötzlich Gesichter, und man sieht, wie es in dem Hofgut mal ausgesehen hat. Man erkennt die Räume und zieht für sich Rückschlüsse auf das Hofleben. Solche persönlichen Dokumente, aber auch Fotos, liefern oft Informationen, warum die Orte verlassen wurden. In den Räumen sieht es teilweise so aus, wie wenn noch gepackt worden wäre – abgeholt wurden die restlichen Möbel und Kisten aber nie. Die Stallungen des Hofguts sind nur noch teilweise betretbar, dafür erblicken wir in einer Scheune, deren große Türe offensteht, die Front eines wunderschönen Mercedes. Einsteigen und losfahren, sind meine ersten Gedanken ...

Hauptzimmer des alten Hofgutes – es sieht aus, als wäre alles für einen Umzug gerichtet

In Leder gebundenes Buch

Quizspiel

Spinnräder

Vermutlich ein alter Christbaumständer

Nebenraum mit wunderschönen alten Stühlen ...

... und einem Heiligenbild an der Wand

Badezimmer

Vermutlich das Wohnzimmer des Hofgutes

Biedermeiersofa im Schlafzimmer

Schlafzimmer

Alte Kommode im Schlafzimmer

Lampenschirmfransen

Kommodenschlüssel

Stuhl mit Sonnengeflecht

Sitzecke mit Kronleuchter – die ersten Schäden sind an der Decke erkennbar

Massiver Ofen mit wunderschönen Verzierungen

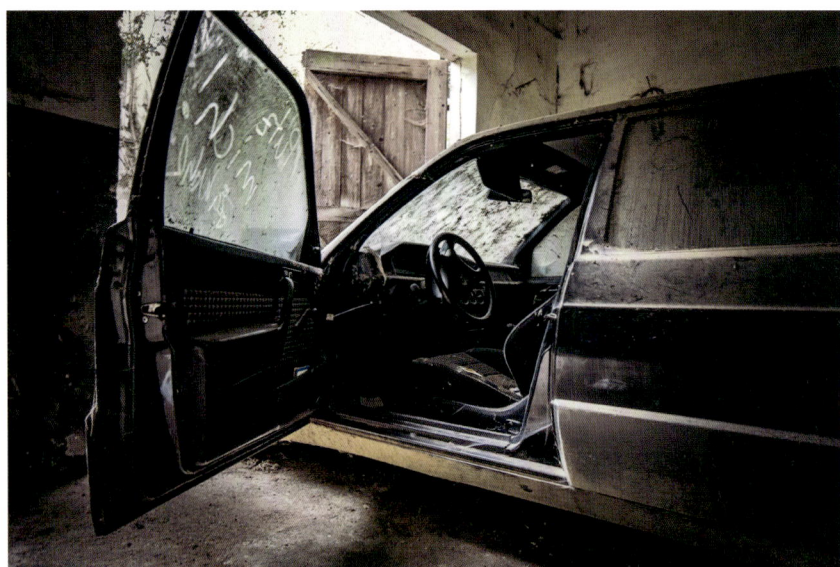

In der Garage steht ein in die Jahre gekommener Mercedes

Stall

Viele kleine Knochen säumen den Boden

Morsche Stalltür

Jasmin Seidel
Lost Places im Schwarzwald
Bildband
192 Seiten
28 x 22 cm, Hardcover
ISBN 978-3-8392-2548-6
€ 24,00 [D] / € 24,70 [A]

Geheimnisvoll, unheimlich, verlassen und vergessen, das sind Lost Places, zu Deutsch »vergessen Orte«: Fabriken, Sanatorien und alte Bauernhöfe im Wald, direkt an einer einsamen Landstraße oder mitten im Wohngebiet gelegen. Sie fristen ein trauriges Dasein und sind sich selbst überlassen. Jasmin Seidel nimmt Sie mit auf eine Reise in ihre Welt der Lost Places, eine Welt, die geheimnisumwoben und düster, aber in ihrer Stille auch wunderschön ist.